First Picture Dictionary
Animals

اولنے انځوري قاموس

ځناور

Pig
سور

Butterfly
پرپرکے

Rabbit
سویه

Fox
ګیدړ

Illustrated by Anna Ivanir

www.kidkiddos.com
Copyright ©2025 by KidKiddos Books Ltd.
support@kidkiddos.com

All rights reserved. No part of this book may be reproduced in any form or by any electronic or mechanical means, including information storage and retrieval systems, without written permission from the publisher, except in the case of a reviewer, who may quote brief passages embodied in critical articles or in a review.
First edition, 2025

Translated from English by Khaliq Zaman
د خالق زمان لخوا له انګلیسي څخه ژباړل شوی

Library and Archives Canada Cataloguing in Publication
First Picture Dictionary - Animals (English Pashto Bilingual edition)
ISBN: 978-1-83416-666-7 paperback
ISBN: 978-1-83416-667-4 hardcover
ISBN: 978-1-83416-665-0 eBook

Please note that the English and Pashto versions of the story have been written to be as close as possible. However, in some cases they differ in order to accommodate nuances and fluidity of each language.

Wild Animals

ساراني ځناور

Lion

زمری

Tiger

پړانګ

Giraffe

زرافۀ

✦*A giraffe is the tallest animal on land.*

✦زرافۀ په ځمکه د ټولو نه لوړ ځناور دے۔

Elephant

هاتين / فيل

Monkey

شادو

Bear

میلو

Kangaroo

کانگارو

Crocodile

تمساح

Camel

اوښ

Zebra

زیبرا

Wild Animals
ساراني ځناور

Hippopotamus
د ابو مېښه

Panda
پاندا

Fox
ګيدړ

Rhino
ګېنډا

Deer
هوسۍ

Moose

موز

Wolf

شرمخ

✦*A moose is a great swimmer and can dive underwater to eat plants!*

✦موز يو ډېر ښه لامبوزن دے او د بوټو د خوراک د پاره د اوبو دننه غوپه وخلے شي!

Squirrel

بلونګړے

Koala

کوالا

✦*A squirrel hides nuts for winter, but sometimes forgets where it put them!*

✦بلونګړے په ژمي کښې تخمونه پټوي، خو ځنې وخت ترې هېرشي چې چرته يې پټ کړي دي -

Gorilla

ګوريلا

Pets
ساتونکي ځناور

Canary
کناري

♦ *A frog can breathe through its skin as well as its lungs!*
♦ چیندخ د پړپوسانو سره سره په څرمن هم سا اغستلی شي.

Guinea Pig
ګیني سور

Frog
چیندخ

Hamster
هېمستر

Goldfish
زرد کب

Dog
سپے

◆ *Some parrots can copy words and even laugh like a human!*

◆ ځینې طوطيان خبرې نقل کولے شي او تر دې چې د انسان شان خندا هم کولے شي -

Parrot
طوطي

Cat
پيشو

Animals at the Farm
په پټي کښې ساتونکي ځناور

Cow
غوا

Chicken
چرګ

Duck
بطه

Sheep
ګډه

Horse
اس

Pig

سور

Rabbit

سويه

Llama

لاما

✦*A goat can climb steep rocks and even trees!*

✦بيزۀ په نيغو ګټانو او تر دي چي ونو ته ختلي شي-

Goat

وزه

Peacock

طاوس

Turkey

هرتمے

Animals in Water

د اوبو ځناور

Coral

مرجان

Octopus

اکټوپس

Dolphin

ډولفين

✦*An octopus has three hearts and can change colors to hide!*

✦د اکټوپس درې زړونه يې او د پټېدو د پاره خپل رنګ بدلولے شي -

Jellyfish

جلي فيش

Seahorse

دريايي اس

Shark

شارک

Lobster

لابسټر

Walrus

والرس

✦*A lobster has blue blood.*

✦ د لابسټر وينه اودي وي -

✦*A seal can hold its breath for 30 minutes while diving underwater!*

✦سيل تر ۳۰ منټونو پورې په اوبو کی دننه سا ايسارولے شي!

Seal

سيل

Crab

چينجاقوړ

Animals in the Sky

هوايي ځناور

Woodpecker

ټکټکانے

Seagull

بګلا

✦*A hawk can spot a tiny mouse from high up in the sky!*

✦باز بړۀ د هوا نه يو وړوکې منږک په ځمکه معلومولې شي!

Eagle

باز

Pigeon

کونتره

Hawk

شاهين

Mosquito
ماشے

Dragonfly
ستنستنکۍ

✦ *A dragonfly was one of the first insects on Earth, even before dinosaurs!*
✦ستنستنکۍ د ځمکې په مخ ورومبني حشراتو نه ده، تر دې چې ډائينوسار نه هم مخکې!

Bee
ګبينه مچۍ

Butterfly
پرپرکے

Ladybug
ګنګوتۍ

Animals on Land

د ځمکي ځناور

Grasshopper

مُلخ

Snake

مار

✦*A snake smells with its tongue instead of its nose!*

✦مار د پوزې په ځاي د بویېولو د پاره خپله ژبه استعمالوي!

Anteater

میږي خور

Caterpillar

پیشَکه

Worm

چینجے

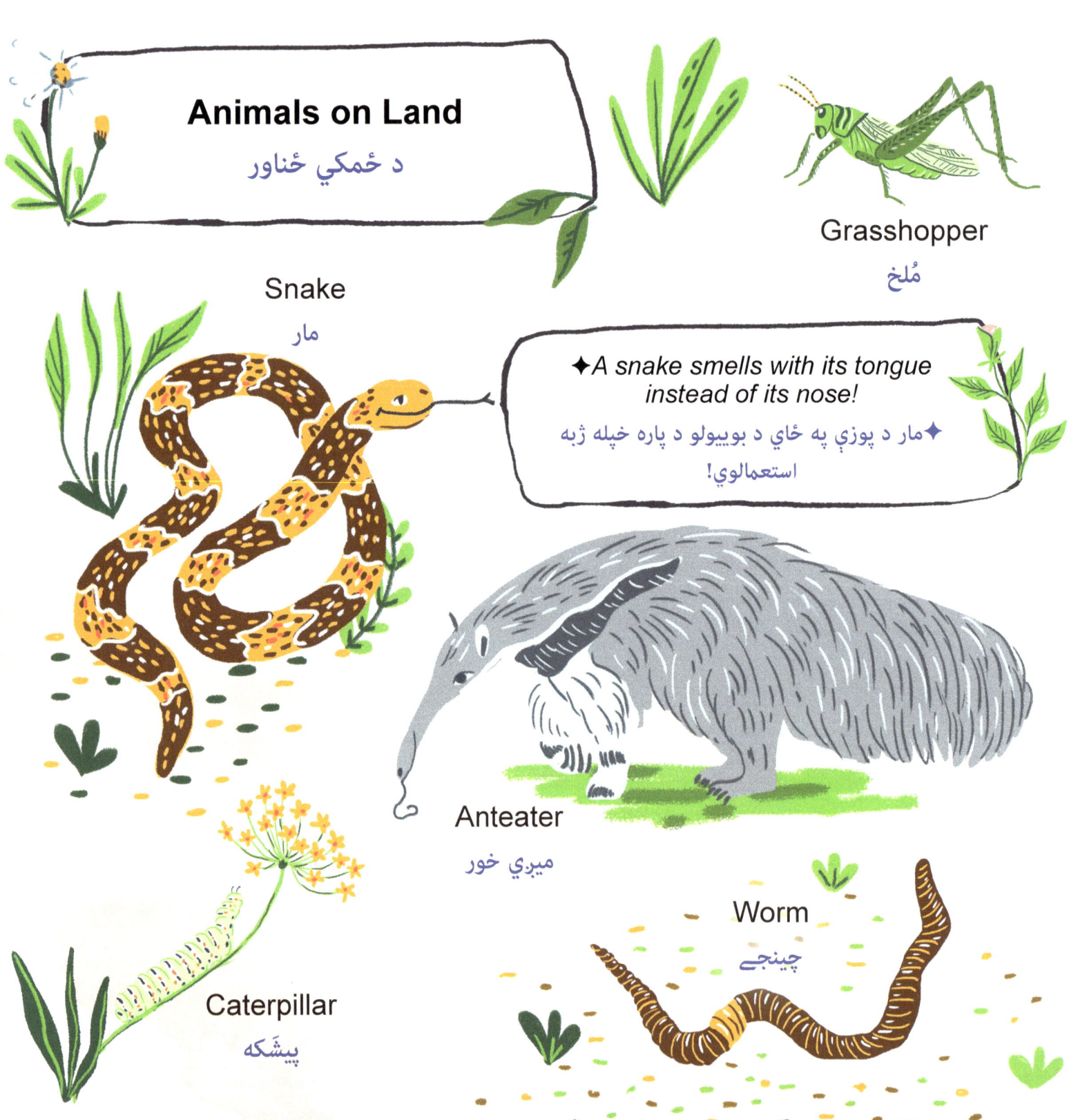

Badger

بېجر

Porcupine

شکوبۀ

Groundhog

ځمکنے منږک

✦*A lizard can grow a new tail if it loses one!*

✦چرمخکۍ کو لکۍ وغورځوي نو نوې لکۍ زرغونوي!

Lizard

چرمخکۍ

Ant

مېږے

Magical Animals

جادويي ځناور

Pegasus

الوتونكے اس

Unicorn

يو ښكريز اس

Dragon

اژدها

Mermaid

د اوبو ښاپيرۍ

Wild Cats

ځنګلي پیشوګان

Puma

پوما

Lion

ازمرے

Cheetah

چیتا

✦A cheetah is the fastest animal on land.

✦چیتا په ځمکه د ټولو نه تیز ځناور دے۔

Lynx

لینکس

Panther

پینتهر

Big Animals
غټ ځناور
Whale
وهېل
Walrus
والرس
Buffalo
مېښه
Ostrich
شتر مرغ
Hippopotamus
د اوبو مېښه
Bison
بائسن

Small Animals

واړۀ ځناور

Chameleon

کربوړے

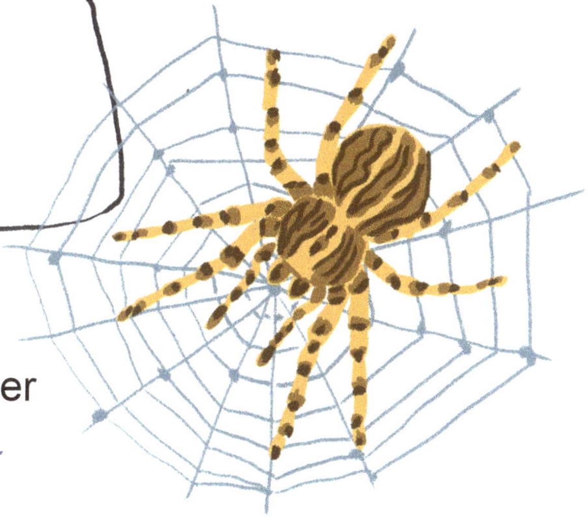

Spider

جولا

✦*An ostrich is the biggest bird, but it cannot fly!*

✦شترمرغ د ټولو نه لویه مرغۍ ده خو دا نه شي الوتلے!

Bee

ګبینه مچۍ

✦*A snail carries its home on its back and moves very slowly.*

✦شاپیتۍ خپل کور په خپله شا ګرځوي او دا ډېره په قلاره خوځیږي۔

Snail

شاپیتۍ

Mouse

منږک

Quiet Animals

غلي ځناور

Turtle

شمشتۍ

Ladybug

ګنګوټۍ

✦A turtle can live both on land and in water.

✦شمشتۍ په وچه او اوبو دواړه ژوند کولے شي-

Fish

مهې

Lizard

چرمخکی

Loud Animals

شور کونکي ځناور

Donkey

خر

Rooster

بانګي

Frog

چیندخ

Wolf

شرمخ

Hyena

کوږ

Polar Animals

قطبي ځناور

Seal

سيل

Orca

تور وهېل

Puffin

پفين

Reindeer

شمالي هوسۍ

Penguin

پنګوئن

Polar Bear

واوريځ ميلو

Orangutan

اورنګوتان

Panther

پينتهر

Toucan

ټوکان

Jungle Animals

ځنګلي ځناور

Gorilla

ګوريلا

Iguana

ايګوانا

Anaconda

اناکونډا

Sloth

سلاتھ

Nighttime Animals

د شپي ځناور

Firefly

اوروژونکی

Badger

بیجر

Kiwi Bird

یوي مرغۍ

Leopard

چیتا

Hedgehog

ځمکنے منږک

Owl

ګونګے

Bat

ښاپېرک

✦*An owl hunts at night and uses its hearing to find food!*

✦ګونګے د شپې ښکار کوي او د خوراک معلومولو د پاره د اورېدو حس استعمالوي!

✦*A firefly glows at night to find other fireflies.*

✦اور ورکے د نورو اور ورکو معلومولو د پاره د شپې رڼا کوي-

Raccoon

راکون

Tarantula

زهري جولا

Colorful Animals
رنګين ځناور

A flamingo is pink
فليمينګو ګلابي يې

An owl is brown
کونګے نسواري يې

A swan is white
بطه سپينه يې

An octopus is purple
اکتوپس جامني يې

A frog is green
چيندخ شين يې

✦ A frog is green, so it can hide among the leaves.
✦ چيندخ شين يې، ځکه دے په پاڼو کښ پټېدے شي۔

A polar bear is white

واوريځ ميلو سپين يي

A fox is orange

ګيدړ نارنجي يي

A koala is grey

كولا خړ يي

A panther is black

پينتهر تور يي

A chick is yellow

چرګوړي زيړ يي

Animals and Their Babies

ځناور اؤ د هغوئ بچي

Cow and Calf

غوا او سخے

Cat and Kitten

پیشو او پیشونګړے

✦A chick talks to its mother even before it hatches.

✦چرګوړي د اګۍ راوتو نه مخکښې د خپلې مور سره خبرې کوي۔

Chicken and Chick

چرګ او چرګوړے

Dog and Puppy

سپے او کوکرے

Butterfly and Caterpillar
پرپرکے او پیشَکه

Sheep and Lamb
ګډه او ګډو رے

Horse and Foal
اس او د اس بچے

Pig and Piglet
لېوۀ او د لېوۀ بچے

Goat and Kid
بیزۀ او پیسکورے

www.ingramcontent.com/pod-product-compliance
Lightning Source LLC
LaVergne TN
LVHW072057060526
838200LV00061B/4762
* 9 7 8 1 8 3 4 1 6 6 6 6 7 *